그대는 붉은 맨드라미의 전설을 아는가

그대는 붉은 맨드라미의 전설을 아는가

김 보 영 시집

그림과책

거부할 수 없는 강렬한 끌림이거나 잔향이거나

2020년 6월

김보영

차 례

1부

빙산의 내적인 춤　12
바람 속의 단상　13
초록의 서약　14
제스처Gesture　16
하얀 바다 오르간　19
그리움의 화법　22
상념을 켜둔 밤　24
감각의 팔레트Palette　26
가을 추상을 위한 어떤 것　27
흐노니　28
슬픔이 나를 바람만바람만 뒤따라왔다　29
빛기둥이 되어　30
마띠에르Matiere　31
저녁의 거리　32
낮달도 가시덤불도　33

2부

하얀 베개 36
실존의 성향 38
하릴없이 39
꿈마저도 42
뮤즈·시붉은 시 43
밀림 속 발코니에서의 조망 44
민트색 작은 수첩 안에 46
밤 기차의 잔상 48
해초로 가득 찬 방 50
블랙홀Black Hole 51
말하고자 하는바 52
한밤이 지나고 나서의 구애 53
나무와 새 54
별꽃섬으로 56

3부

봄에게 고하노니   58
당신과의 밀어   61
열망의 오렌지 산호   62
족쇄   64
아침의 적토마   67
미혹   68
파란 대문집 장미   70
그대는 붉은 맨드라미의 전설을 아는가   72
이우는 계절은   74
올리브나무   76
메타세쿼이아 숲을 거닐며   78
오월   80
꽃그림 벽화   81
점   82

4부

벨리 댄스Belly Dance　84
탐미적 말　86
기쁜 사브리나 섬　87
침잠　88
흰 추위·뜨거운 적도의 태양·불사조　89
이별 뒤에서 라 쿠카라차La Cucaracha　90
플라멩코Flamenco　92
별 곁듯, 그대 생각만 하면　94
그댈 위한 칭송가　96
로맨틱 튀튀Romantic Tutu　97
자바섬과 자바표범　98
저 너머, 펼쳐질 푸른 이야기　99
삶의 액자 속 콜라주Collage　100

해설　102

1부

빙산의 내적인 춤

너른 바다의 푸른 수면 위로 떠오른
새하얀 얼음산에는 오직 바다에만 피는
마법의 야생화가 산다네
그 꽃은 영원히 시들지 않는, 머리부터 뿌리까지
차갑고도 투명한 얼음꽃
늘 굳은 얼음으로 만들어진 참회의
성스러운 눈물만을 뚝뚝 떨구며 살지
소곤소곤, 비밀스럽게 너와 단둘이만
나누고 싶은 대화가 있다
저 꽁꽁 언 말없는 빙산이 다 녹기 전에
그리고 겨울의 매서운 아픔을 간직한
저 영롱한 얼음꽃이 다 지기 전에…
우린 소멸해가는 저 커다란 얼음덩어리의
최후의 발악만을 같이 지켜보자
포코 아 포코
조용한 밀물처럼 서서히 펼쳐질
한 치의 흐트러짐 없이 고상한
정적에 꽁꽁 싸여 진행될 그 몸짓은 그냥
'빙산의 내적인 춤'이라
규정지으면 좋겠다

바람 속의 단상

어떤 이는 바람을 맞으며 길을 가고
다른 어떤 이는 바람을 느끼며 길을 가고
나는 바람을 숭배하며 길을 간다
부는 바람은 종착지 없이
너울대는 자유로운 영혼
형체 없는 모습으로 크고 작은 움직임들을
만들어내며 거침없이 어디로든
흘러가는 공기의 흐름아
너는 어디에도 구속받지 않는구나
너는 어떤 것에도 집착하지 않고
주체적으로 흘러 흘러가는데
왜 나는 이다지도 삶의 많은 것들을
꽉 붙잡고 사는 건가
이 세상 떠나려면 모든 것 두고 가야 할
운명임을 잘 알면서도

초록의 서약

내 심장은
언제나 무겁다
그건 늘 그 안에 너 하나만을
꽉꽉 채워 넣어
그렇다

꽃 속엔 산이 있고
달 속엔 하늘이 있고
내 안엔 네가 있다

늘 이곳에
있어라, 너는
꼼짝 말고
내 붉은 심장 속에서
퍼덕이며
이대로 숨쉬고 있어라

네가 내 안에서
날 떠나지 않고 지금처럼만
계속 머문다 하면
나는 내 고동치는

염통 속으로 헤집고 들어가
그 안에 있는 널 만나
내가 너를 영원히
사랑하겠노라는
짙푸른 초록의
아름다운 서약을 하리라

제스처 Gesture

당신의 겉마음만
핥아먹고 떠나겠습니다
이런 나를 나쁜 인간이라
비웃으면서
마음껏 짓밟고
미워해 주세요

내 마음속에 사는 악마가
그리 하라고 시켜서요
그래요 나는 이미 그의
심오한 최면에
걸렸나 봐요

더 이상은 내게로
도발하지 마십시오
나와 당신은 결코 똑딱이 단추가
될 수 없고
화합할 수도 없는
사이란 것만 알아주세요

나는 앞으로 두 번 다신

당신에게로 부활하지
않을 거예요
내 마음은 견고하니까요
이런 나를 고집쟁이라고
불러도 좋아요 나는 우리의 이별에
대담해지고 싶어요

달맞이꽃의 꽃말인
소원, 기다림, 마법이란
단어는 애초에 떠올리지 마세요
그리고 우리의 이별을
마음 아파하지도 마세요
봄, 여름, 가을, 겨울
사계절이 흘러왔다가
조용히 흩어져 가듯 그렇게
우리 이별도 그저 때가 된 것 뿐이에요

우리들의 인연은 그저
여기까지인 것이고
이러한 이별은 '우주의 법칙'에서
비롯된 거예요

당신을 그동안 사랑했었노라
말하지 않을래요
그렇다고 미안하다고
말하지도 않을래요
나는 그저 가식의 몸짓을
거부한 채로 당당히 떠나갈 겁니다

신의 은총이 우리를
갈라놓는 것이니
당신은 내게 무관심해질 것이며
조금의 미련도 갖지 말 것이며
가을 사프란처럼
무덤덤히 우리의 이별 앞에서
'절도의 미'만 지켜주시면 됩니다

때로는 헤어짐이 사랑보다 좋은 거예요

하얀 바다 오르간

아드리아노 해안의 사양이
그러데이션을
지중해에 겹겹이 뱉어내니
때를 맞춰 생의 굴곡을
연상케 하는 파도
천천히 불가항력의 리듬을 타고

그 위로 번지는
바다 새 떼의 묵직한 은빛 울음소리
구름발치에서 무지개와 함께
솟구쳐 올랐다가 홀연히 사라지고

매끈한 상아 대리석으로 만든
바다로 내려가는 돌계단 밑에는
수십 개의 파이프들이 계단에 뚫어놓은
구멍들 안에 얌전히 누워있어
힘차게 일렁이는 파도의 물결이
파이프 안에 공기를 불어 넣자
마침내 바다 오르간의 연주가 시작되었네

미모사처럼 예민하게 반응하던

내 마음의 작고 뾰족한 돌기들은
하얗게 부서져 내리는
바다 오르간 소리에 묻혀
천천히 종적을 감추려 하고 있는데

이명처럼
귓가를 수없이 때리는
바다 오르간의 낮은 윙윙거림은
들떠있던 나의 영혼을 고요히 잠재우고
티베트고원에서 북녘으로 옮겨가는
바싹 메마른 황토 바람처럼 그렇게
두 귀에 달라붙어
신부의 하얀 면사포처럼 길게 늘어지더니
이내 휘감기는데 종잡을 수 없는 소리
내 머리와 가슴에 박히는
저 규칙적인 진동의 소리는
포효하는 짐승의 울음소리를 닮았나
울부짖음, 그게 아니라면
그물로 건져 올려 옆으로 길게 늘어놓은
은소라들의 이정표 없는
행렬과도 같은 것인가

아름답지만 애틋함과 쓸쓸함이 뒤범벅된
바다 오르간의 성대에서
뿜어져 나오는
이원적 대립구조의 음성에
애증을 느끼며
난 서서히 서서히, 그 소리 속으로
뛰어들었다가 도망쳤다가

그리움의 화법

부릅뜬 내 영혼이 지금
너를 향한
미칠 것 같은
그리움 때문에
소리내어 울고 있다

너는 왜 자꾸만
내 안에서
나를 울리는 것인가

나는 울고 싶지 않지만 운다
사람이니까 운다
살아있으니 운다
사랑하는 너를
떠나보냈기에 운다

생生이란
늘 목구멍까지
한가득 차오르는
그리움을 애써 삼키며
주어진 길을 걸어가는 것

저 머나먼
카프리섬까지도 닿을
이 슬픈 그리움의 낭떠러지여

상념을 켜둔 밤

사람은 1시간 동안
2천여 가지의 생각을 하고
하루에 약 5만 가지의 잡다한 생각을 하며
산다 하는데
나는 얼마나 많은 네 생각을
마음속에 품고서 살고 있나

유리 조약돌 같은 별들이
낯선 언어를 토해내는 이 밤
길처럼 끝없이 이어진
너에 대한 숱한 그리운 생각을
치열하게 헤집고 떠다니다 보면
시큼한 신새벽이야 또 그럭저럭 찾아오겠지

추억의 뒤안길로 접어드니
그곳에서 우리는
기개 있는 태양 아래
농익어가는 열대 과일들같이 향긋한 웃음을
서로에게 폴폴 날리며
나란히 서 있었네

내 의식은 너의 향기를 읊고 또 읊었네

아아- 다만 이제 와 생각하니
나는 너를 끝까지 사랑했어야 옳았다

감각의 팔레트 Palette

나는 지구라는
별에 사는
어느 외로운 한 사람

양파껍질 까듯
몇 겹의 긴긴밤을
하얗게 벗기고
앉아 있어라

나를 죽일 듯이
노려보는 서슬 퍼런
정적 한 덩이와
날카로운 한 줄기 마음의 떨림
깊은 고독의 심연
뭉개지고 초췌한
내 자아를
한데 감각하며

가을 추상을 위한 어떤 것

거침없는 욕망의 퍼포먼스가
펼쳐지는 마녘의 어느 둔덕진 곳
주정적인 가을 하늘을
등판에 매단 아리따운 가을 나비들은
화려한 설화가 되어
데데거리며 들꽃 무리 사이로 연방 흐르고
가랑가랑하던 추상의 잔재들은
낭만이란 이름의 끄나풀에 묶여
손에 잡히지도 않으면서
고독한 내 심중을 언뜻언뜻 헤적인다
나는 저 건너편 어느 지하철역 개표구에서
노란 단풍잎 승차권 한 장을 꾸욱 찍고
만개하는 가을의 중심으로
베네치안 레드빛 오래된 기억의 파편들을
양 떼 몰 듯 몰고 가
언덕 여기저기 남몰래 심었다
그곳엔 지천으로 피어 있는
가을꽃들의 견갑골이
건들바람에 들썩거리고 있었다

흐노니

그대 향한 내 그리움은
깊고도 찬란하구나
저기 저 큰 별 시리우스처럼

떨어져 내린 고운 별빛 가루
밤배마다 그득그득 쌓이는 밤이 오면
그대를 몹시도 그리는
애타는 나의 심장은
내게 넌지시 말을 걸어오겠지

끝내 그대를 저버리지 못할 나는
그대 안 어디서나
영롱하게 반짝이는 빛과
방울진 새하얀 보석이고저

눈물 나게 보고픈 이여
그대를 사랑하던 날부터 시작된
나의 그대 향한 이 숨 막히는 기도를
당신은 혹여 꿈에서라도 눈치채셨나이까

슬픔이 나를 바람만바람만* 뒤따라왔다

맑은 하늘에 매지구름 일면
걱실걱실한 산들은
검은 눈물 뚝뚝 흘리며
시름에 겨워 슬퍼할지어니

만다린 빛깔의 연정이야
마음속에서 춤추게 하고
분노는 설령 놓아준다 해도

내 안 어딘가에서 세차게 휘몰아치는
이 진하디진한 핏빛 서글픔은
어느 깊은 사막의 가녘에서
오롯이 사위어지면 좋을 텐가

슬프단다 슬프단다
차마 주체 못할 만큼
사납게 너울지는 내 마음은 지금
이렇게나 많이 슬프단다

*바라보일 만한 정도로 뒤에 멀리 떨어져 따라가는 모양

빛기둥이 되어

나는 당신에게
빛기둥이 되렵니다

내가 선연한 빛기둥으로
당신 앞에 서면
작은멋쟁이나비는
화려한 기쁨에 취해
번뇌로 얼키설키한 세상 속을
신명 나게 훌훌 날 겁니다

상아색 머리가 몹시도 아름다운
마법의 풀 몰리를 손에 꽉 움켜쥐고

좌절과 절망 속에서 탄식하는
당신 마주한 나는

알알이 영근 내 탐스러운 사랑
서슴지 않고 당신 어깨 위에
아낌없이 큰 줄기로 내리붓겠습니다

찬란한 빛기둥 되어

마띠에르 Matiere

서쪽 하늘에 꿰어져 있었던
쌍봉낙타 눈썹 닮은 초승달이
해 질 녘 시들어 갈 때
조곤조곤한 어투를 가진 잎새들은
바람과 만나 환희의 춤을 췄다

검푸른 고뇌는 빗발치듯 곤두치고

밤나비 몇 마리 암팡지게
암흑의 두터운 살갗을 파고들고

나는 그대를 내 기억 속으로
다시 소환했다

저녁의 거리

토마토 가스파초빛 도는
설핏한 저녁의 거리는
검붉은 빛으로 타고 있었다
낮과 밤의 경계선 안에
발을 들인 사람들은
초저녁의 감흥을 양 겨드랑이에 꿰어차고는
도시의 메마른 입술 위에서
풍경이 되어 파들거리고
얄푸르렀던 하늘은
어둠의 칼날에 얇게 저며져서는
제 아가미를 닫은 채로
흐느꼈다

낯달도 가시덤불도

희푸르스름한 낯달도
갓털 일어난 가시덤불도
모두가 쓸쓸한 생의 속내 꽁꽁 여미고 산다
허무함 벌컥벌컥 들이키고 산다
지상에 모습을 드러낸 존재들이라면
예외 없이 누구나 다 그렇다

2부

하얀 베개

세상 모든 것들이
새까만 보자기에 싸이고
푸른 별무리들 들판에 스러진
은밀한 밤이 찾아오면
온갖 잡다한 생각에 젖어
한 덩이 묵직한 상념과
엎치락뒤치락 실랑이하던 나는
방 한구석에 놓여있는 순결한 느낌의
폭신폭신한 하얀 베개 위에
내 머리를 가만히 누이고서
힘겨운 이 세상 거짓말처럼 벗어나
새처럼 비행기처럼
머나먼 미지의 여행을 떠난다

현실과 허구가
과감히 교차하고
시공을 마구 넘나드는
뒤죽박죽 상태의
꿈이라 불리는 세계의 침입자가 되어
베개 위에 나의 과거로부터
미래의 이야기들을 두서없이

쏟아내고 있노라면
새털구름을 닮은 하얀 베개는
그저 묵묵히 내가 토해내는
수많은 모순 속 사연들
자유롭게 흘러가라
아무런 불평 한마디 않고
잘도 받아주면서
새벽부터 동틀 때까지
한참을 그렇게 누워있다

실존의 성향

낙조에 슬퍼하지 말 것이며 다른 어떤 것에도 괴로워 마라. 다만, 저물어가는 따뜻한 색감의 햇빛에 오늘의 사랑과, 내일에 대한 기대와, 내 삶의 의미만을 실어 보내라.
뜨지 말래도 지는 해는 내일 또 뜬다. 아침에 뜨는 해는 새로운 희망이고 우리는 앞날에 대한 바람과 기대를 늘 곁에 두고 사니 행복하다.
이 세상에서 숨쉬는 생명체치고 내면에 슬픔이 깃들지 않은 살아있는 생물은 단 하나도 없으리니… 우리는 어쩌면 이러한 서글픔과 외롭게 투쟁하기 위해 태어났는지도 모른다.
하늘을 보시시 나는 저 새도 알고 보면 한낮 태양 아래 자신의 머리 위에 동그란 눈물방울을 이고 다니고, 흙 위에 제멋대로 피어난 버석거리는 저 들풀도 매일 밤 제 눈물 줄기에 가슴을 흥건하게 적신다.
실존적 존재는 항상 자기 옆구리에 안타깝고 슬픈 마음을 애틋하게 끼고 사는데, 그건 그 대상이 삶에 있어서 '모든 의식의 주체자'이기 때문에 그렇다.

하릴없이

새날이 밝았어도
추후의 이지러짐 없이
사륵사륵 우는
아침의 풀벌레 소리는
작디작은 이슬방울들을 껴안으며 뒹굴고
널따랗게 펴져 있는 빈 하늘은
삼라만상을 품고서
유유히 흐른다

저 먼 데 피어난
푸릇한 제비쑥아
땅 위의 자름한 돌들아
팥죽땀을 흘리며 서 있는 나무들아
그간 잘 지냈느뇨

가냘피 떨리는 열없는 마음
밑도 끝도 없이
목을 조이는 조바심을
애련히 지르밟으며
대지에 서린 햇발에 함뿍 젖어
굴레길을 살그래 걷노라니

어제의 나는
풍요의 마음밭에서
가이없는 기쁨만을 캐내었는데
오늘은 메마른 땅에서
허무와 공허만 한가득 거둬들이는구나

세상에 발 디디고 선
난출난출 나부끼는 내 영혼에게
인생은 풀 수 없는 수수께끼가 맞나 보다
나는 저 하늘의 달보드레한 구름처럼
졸졸 흐르는 맑은 시냇물처럼
흐르고 흐르다가 어디로 갈 것이뇨
그 생각을 하니 내 두 다리는
사뭇 파근하다

당최 시작도 모르겠고
끝도 모를 것이 인생이려니
주체 못하고 오로지
계절 따라 흐르는 것이 인생이려니

한갓 불완전한 인간으로
태어났기에 틈이 날 적마다
늘 이러한 심정은
내 마음에 하릴없이 감돌아드누나

꿈마저도

한없이 상처 나고 피곤한
몸과 마음 저 서편 하늘에 떠 있는
새털구름처럼 쉴 수 있게
고즈넉한 밤, 서둘러 잠을 청하였으나
꿈속에서의 내 정신적 삶 또한
현실의 삶만큼이나 녹록지 않아
나는 광활한 평원과도 같은 그곳에서
겹겹이 에워싸인 꽃잎들을 닮은
수많은 이야기들과 노닐며
끝없이 기뻐하고 즐거워하다가
이내 돌아서서는
들쭉날쭉한 마음의 강둑에 홀로 서서
해빙하는 2월의 강처럼
눈물을 뚝뚝뚝 떨구었네
꿈이 불러 모은 내 애처로운
눈물방울들의 이름
하나씩 둘씩 섧게 부르며

아아, 내가 사는 동안에
계속해서 나를 따라다닐
무의식 세계 속 삶이 또다시 나를 울리었네

뮤즈·시붉은 시

애초부터 나는 너의 뮤즈Muse
나는 시붉은 격정의 시를 너의 목에 감아준다

밀림 속 발코니에서의 조망

세 치 혀를 잘못 놀려 그린 아나콘다는
그만 저도 모르는 새
단단한 바위로 변해버렸다
무지갯빛으로 연하게 젖은
하얀 오팔 목걸이를 목에 건 어느 여인이
흐들진 꽃과 같은 모습으로
싱그러운 망고 잎을 손에 쥔 채
쌀랑거리며 지나가고
밀림을 헤집는 우기의 작달비로
잘폭해진 흙은
육중한 몸집의 코끼리들 발바닥 언저리에서
꼼짝없이 무너져 내린다
자연을 근원으로 한
생명의 대지 위에 눅진한 암흑이 내려앉으면
은색 스팽글처럼 반짝이는 잔별들은
표범의 담황색털에 피어난
검고 둥근 무늬 위에
사그락 사그락대며 날아와 박히고
순하디순한 녹색 식물들과
밀림에 사는 온갖 짐승들은
거대한 우주의 맥박 뛰는 소리를 들으며

춘양과도 같은
나른한 잠에 깊이 빠져든다

민트색 작은 수첩 안에

그대는
숫자 3과 6을
가장 좋아하지요

오늘밤
앙당그러진
풋나무 숲 위로
꼬독꼬독한 은빛 겨울 달이
반쯤 차올라
그대에게로 기울면

나는
민트색 작은 수첩을 꺼내 들고
내가 그대를 사랑하는
3가지 이유와
그대가 없으면 안 되는
6가지 이유를
그 안에 빼곡히 적을 겁니다

밤이 웃자랐을 때
달은 나를 꿀꺽 삼킬 테고

나는
그대를 향해
불쑥불쑥 솟아나는
한 다발 짙은 그리움을
이윽토록
애살포오시 삼킬 겁니다

밤 기차의 잔상

밤 기차는 오늘밤도
흑빛 어둠과
끈끈한 동맹을
맺으려 하네

플랫폼에 외로운 행색으로
전봇대처럼
우두커니 서 있던
한 무리의 사람들은
달려온 밤 기차 한켠에
그들의 희로애락과
그림자를 싣고서
플랫폼을 빠져나가고

시계추처럼 똑딱이는 시간과
여러 줄기 빛으로 흐르는
열차의 차창 밖 풍경은
밤 기차와 정답게 어우러져
끝없이 이어진 철로 위를
달려가누나

열차가 경적을 울리며
이곳을 머얼리 떠나고 나면

수줍지만 도도한 자태로
기찻길에 피어난
가녀린 밤꽃들 허리춤마다
밤 기차의 잔상 하나씩
달라붙어 아롱거리려는가

해초로 가득 찬 방

내 방엔 해초 떼가 산다
쉼 없이 너울거리지만
헤아려 생각하건대
침착한 그 기류에게 나는
돋을볕이 굽이치면
알숭달숭한 내 꿈 여남은 개와
하와이안 블루색 희망의 송아리 몇 개를
먹이로 던져준다
이즈막하다
지구는 태양의 주변을 맴돌고
나는 심해에서 온
녹색 해초들 곁을 아슬아슬하게
매암돈다
그런데 해초들로 빽빽한 이 방에는
잠금쇠가 없다

블랙홀 Black Hole

언제부터인가 알게 되었네
의혹은 언젠가는 해독될 수 있어도
너의 매력은 결코 해독될 수 없다는 걸

말하고자 하는바

엊그제는 시새우는 마음을 떠나보내고
그제는 욕망을 떠나보내고
어제는 집착을 떠나보내고
오늘은 또 무엇을 떠나보낼까 하는데
현실과의 괴리감이 찾아왔습니다

나는 힘드려고 이 세상에 태어난 것이 아닌데
하냥 마닐마닐한 생의 행복만 맛보며 살고픈데
생의 아름다운 희열을 느끼며 살고픈데
벼랑 끝에서도 즐거움을 쫓으며 살고픈데

삶은 이런 나를 비웃으며 지금 이 순간도
날 가만히 내버려두지를 않습니다

한밤이 지나고 나서의 구애

너의 말맛에 취해 네 입에서 뿜어져 나왔던 펄떡펄떡 꼬리치는 탄력 있는 어감 가닥을 손으로 잡고 머리에서 꼬리까지 뼈째 잘근잘근 곱씹느라 밤을 꼬박 새웠던 나는 결국 새날이 밝았을 때 나의 시에게 열렬히 구애했지.

나무와 새

당신은 나무
나는 새

윤기 나는 당신의 푸르른 머리칼 위에
살며시 걸터앉았다가
당신 주위를 서성대다가
화르르 편 두 날개
힘차게 팔랑거리며 둥글게 원 그리고
당신 곁에서 한참을 맴돌다가
마침내 숲에서 놀았던 흔적들
말끔히 지우고 떠날 나 여기 있고
내가 떠나는 모습 그저 물끄러미
바라만보고 서 있을 당신 지금
내 곁에 있어라

당신을 향한 활화산 같은
내 사랑의 근원에 대해
나의 넋이 왜 자꾸만
당신에게로 흐르는지의
이유에 대해
어쩌면 당신은 알지도 몰라

당신은 나무
나는 새

별꽃섬으로

오오, 나의 이상 별꽃섬
내 혼신이 수줍게 숨어드는
내 상상 속 밀실이여

희디흰 손길의 별꽃들이
언제나 나를 반가이 맞아주고
투명한 몸뚱아리의 유리 사슴 떼
해맑게 뛰어노는

낙양을 무릎에 앉히고
나는 노 저어 노 저어
내 슬픔이 꼿꼿이 고개 드는
어느 날 저녁, 이렇게 또다시
그곳으로 가고 있다

3부

봄에게 고하노니

봄 너는 위험천만
화염병과도 같이
온 세상에 불을 질러 불을 질러
아름다움이란 미명하에
천지에 새빨갛게 불을 질러
나 너를 등에 업고
홀로 들판으로 달려가
메말라 있던 영혼의
앙상한 사지에
탯줄처럼 칭칭 감겨드는
튼실한 꽃줄기들의
신선한 생명력을 얻어내어
흩뿌리겠으니

더 가까이 다가오라
더 가까이 다가오라
팔랑대는 하얀 나비 몇 마리
네 앞에 살포시 앞장세워
오매불망
너를 애타게 기다렸던
내게로 어서 오라

나 너를 뒤로하고
네게 배운 열정과 사랑과
자유와 아름다움과
삶의 의지를
끓어오르는 가슴속에
꾹꾹 눌러 담고서

붉디붉은 영산홍 꽃잎들이
새빨간 불을 켜고
부는 봄바람에
이끌려 너울대는 해 질 녘
타들어 가는
그네들 빨간 볼 어루만지며
모든 구속에서 벗어나
맞이하는 호젓한 시간에

나도 여기 이 자리에서
영산홍꽃들처럼 붉은 빛깔로 익어
봄 너의 품속으로
이글거리며 타들어 가리라

너를 노래하는
자그마한 새 한 마리와
친구 되어

당신과의 밀어

내가 사랑하는 당신과 홍색 입술 위에 조랑조랑 열매 달리듯 매달려 있다가, 때가 되면 시냇물처럼 입 주위를 졸졸 흐르며 속살대다가, 흩뿌리는 여린 봄비처럼 조심스럽게 떨어져 내리는 말들을 주고받습니다.

내가 사랑하는 당신과 주고받는 작은 언어의 조각들이 길 위에서 사금파리처럼 무수히 흩어져 반짝거립니다. 그 말들은 동그랗게 말렸다가 찰진 몸뚱아리를 들썩거리기도 하고, 아니면은 부드러운 액체처럼 주르륵 흘러내리기도 하면서 저희들끼리의 유희를 즐깁니다.

내가 사랑하는 당신과 나누는 말들은 두 개의 입과 네 개의 귀를 오가며 은밀함 속에서 가녀리게 피어나 뱃가죽이 땅에 붙은 납작한 포복의 형태로 우리의 귓바퀴를 돌고 돌아 마침내 서로의 심장 깊숙한 곳에 총탄처럼 박힐 겁니다.

내가 사랑하는 당신과 독을 나누어 마신다 한들, 이 밤 순백의 담장 밑으로 흐르는 우리의 정담은 불생불멸할 듯합니다.

열망의 오렌지 산호

오렌지 산호가 바다에 머물고 있다
따뜻한 온기가 도는
에메랄드빛 해저에서
가장 아름다운 꽃으로 불리며
한때 오렌지 산호는 바다를 벗어나
뭍에서 살고 싶어 했다는 걸 아는가
대지에 우뚝 솟은
의연한 해바라기가 되어
하지만 그럴 수 없음을
깨달은 이 바다 생물은
제 몸을 들고나는 물고기들과 교감하며
촉수를 적시는 해수를 음미하며 지금
그렇게 산다 했다
샹그릴라 촉수에 머금은
유리알처럼 영롱한 지중해의
푸른 세상은 샹그릴라
그녀가 실버들 같은 촉수를 뻗어
춤추듯 너울거리면
주황의 활기가 구불구불한 바다의
고른 숨결 속으로 퍼져 나가는데
남은 생 열정을 다해

카타르시스 느끼며
경이롭게 살다가 죽어서는 화석으로
남고 싶은, 수십 길 푸른 바닷속
열망 짙은 오렌지 산호 하나

족쇄

비비아나여,
한없이 여리고 마음이 약한 당신은
새벽 네 시에 만개하는
달걀모양의 잎을 가진
연보라색 나팔꽃처럼
사는 여인

나팔꽃은
날 때부터 연약한 줄기를 가지고
태어나기에 제 줄기로
꼿꼿이 서는 대신
다른 무언가에 자신의
줄기를 칭칭 감아 올라가면서
자라고, 나는 그런
나팔꽃을 관찰하며
그 안에 투영된
그대의 에고Ego를
느꼈소

당신은 높은 성벽이
철통같은 방어를 하는

오래된 성안에 살고, 그대 발목엔
언제나 족쇄가
채워져 있소

가련한 비비아나,
하지만 이젠
그 무거운
허무와 체념의 쇠사슬을
과감히 끊고
당신이 사는 성 밖으로
탈출하여 축배의
잔을 드시오

당신이란 여자는
판도라의 상자 안에 마지막까지
남아있는
희망을
훔쳐도 좋소

비비아나여,
이도 저도 아닌 것들에

더 이상 미련을
두지 말고 사는 날까지
기쁨 속에서
사시구려

당신이 그대의 발에
달려있는 무시무시한
족쇄와 이별하는 날,
고통으로 일그러지고
푸르게 멍들었던 그
두 발에선 끝없는 자유와
삶에 대한 갈구가
피어나리니

그런 그대를 향해
난 근사한 제물을 바치며
나의 온 힘과 영혼을
다하여 사랑스러운 당신에게
축복의 마법을
걸 거외다

아침의 적토마

적포도주 빛 밤의 얼룩을
꽁지에 묻힌
외로운 새 한 마리
아침의 숲속으로
날아들었네

밤의 농밀한
고요함은 사라지고
새벽의 쌔한 그리움은
안개처럼 걷히고
생명인
아침이 찾아왔으니

오, 아침으로부터
잉태된 나의 적토마

두툼한 희망의 해를
입에 텁석 물고
삶의 저편으로 달음박질한다

미혹

꽃사과나무는 날 때부터
그렇게 아름다웠다
남루한 행색의 잿빛 지루한 겨울이
슬그머니 자취를 감추고
청량한 봄기운이 날로 짙어져
우아한 자태로 피어난 곱고 보드라운 꽃들이
그녀의 몸을 하얗고 연한 붉은빛으로
풍성하게 뒤덮었을 때,
그 누구도 꽃사과나무 가지마다
올망졸망 달려 있는 해사한 봄꽃들의
화려한 아름다움에 대해 에둘러 말하지 않았으며
많은 이들은 꽃사과나무에게 매혹되어
그녀로부터 도무지 헤어날 줄 몰랐다

그러던 어느 날,
저 멀리 어디선가 낮고 굵은 음의
비올라 연주 소리가 들려왔고,
동굴의 울림처럼 점점 깊어지면서
애잔하게 가슴을 파고드는
어느 중후한 남성의 음색과 닮은
비올라 소리에 소스라쳐 놀란 꽃사과나무의

잔가지에 얌전히 붙어 있던
가녀린 꽃잎들이 파르르 떨리기 시작했다

파란 대문집 장미

늦봄이 파란 대문을 나서니
초여름의 짙은 초록색이
전보처럼
열린 문틈 사이로
속속 날아들고

우뚝 솟은 나무들
갈맷빛 정수리 위로
유리 조각처럼 반짝이는
유월의 햇빛이
넉넉히 내려앉는다

파란 대문 안
저만치 피어 있는
새빨간 장미는
시들지도 않누나

저 꽃은
겹겹이 쌓인 꽃잎 속에
무슨 속내를 감추고
저리도 황홀하게

피어 있나

이윽고 훈풍 불면
매끄러운 꽃잎에
붙어있던
장미의 붉은 절정은
땅으로 툭 떨어져
데굴데굴 구르겠다

그대는 붉은 맨드라미의 전설을 아는가

붉은 맨드라미의 전설을 아냐고 묻는 내게 당신은 활활 타오르는 붉고도 단호한 어조로 그렇다고 답했다. 그러고는 그 전설은 너무나도 붉고 깊어 웬만한 말로는 도저히 설명이 안 된다며 미간을 살짝 찌푸렸고 그 찰나, 당신 이마엔 구불구불한 물결무늬 잔주름이 피어올랐다. 무소음 쿼츠 무브먼트를 사용하여 만들어졌으므로 째깍거리는 소리가 전혀 안 난다는, 빈티지한 매력이 돋보이면서 큰 로마 숫자가 매우 인상적인 대형 철제 벽시계가 고목나무 위 매미 붙듯 평평한 벽에 찰싹 달라붙어 특유의 붉은 웃음을 실실실 흘려가며 바삐 돌아간다. 시곗바늘도 바쁘고 흘러가는 세월도 바쁘다. 무얼 뜨고 있었을까? 나와의 대화를 마치고 자작나무로 만든 원목 암체어에 얌전히 앉아 흔들거리며 댕강댕강 목마도 타고 붉은 털실로 뭔가를 집중해서 열심히 짜고 있던 당신이 일어나더니 장미꽃차를 한 잔 가져와 홀짝거린다. 30분 전쯤 치즈를 집었던 당신의 오른손 엄지와 집게손가락은 아직 꼬리꼬리한 치즈향이 남아있다. 고맙게 내 앞에도 향긋한 향이 그만인, 붉은빛이 감도는 은은한 장미꽃차 한 잔을 가져다주었군요. 당신이 떨궈준 장미꽃차를 조용히 즐기고 있는데… 별안간 당신의 집 거실이 붉은 수수밭으로 변해버렸다. 그리고 그 수수밭 위엔 붉은 새 한 마리. 지는 붉은 노을은 수수밭 전체를 더욱 붉은 빛깔로 덧입히고 있다. 아아…아아아아아아아아악. 외마디 비명이라도 터져 나올 만큼 강렬한 저 불길 같은 색.

이우는 계절은

시나브로, 함치르르하던
진초록 잎들
단풍 들더니 어느 틈에 낙엽 지는가

첫서리는 내렸고
싯누런 빛으로 만신을 덮은
국화 고갱이는 가실볕 아래
꼿꼿하구나

갈바람 휘부니
자늑자늑한 진 잎은
세차게 휘돌며 소용돌이치네

시대와 어우러져
입꼬리 올리며
미련 없이 살고프건만

폐부로부터 끓어오르는
어찌할 바 모르는 상실감으로
비애에 젖어
아스러진 나는

비틀거리며 길을 가누나

스산한 늦가을의 인중 위로
수북이 쌓여만 가는
가뭇한 회한

떠나려 하는 이 계절이
자꾸만 사람 마음을 후벼판다

올리브나무

세상 모든 슬픔과 탄식도
이곳만은 슬며시 비껴가리니
연초록 이파리들
저마다 상냥히 나부끼는
안식의 커다란 올리브나무 밑에서
시인이여, 그대는
4월의 꽃바람 같은
향내 나는 시를 쓰고
피폐한 자들이여, 그대들은
풍랑과도 같고
까마득한 행군길과도 같은
고난의 인생길을 잠시 비껴나
지쳐있는 그대들 무거운 머리 밑에
연초록빛 평화를 받치고는
새근새근 곤히 잠들지어다
인간으로 태어났기에
끝내 고단할 수밖에 없는
가련하고 딱한 몸들
올리브나무 그늘 아래 누이고서
어스름한 새벽이 오면
우거진 올리브나무 위로

은하에서 수억, 수십억 년을 살게 될
갓 태어난 아기별 수백억 개가
저 하늘에 하얗게 떠서 반짝이리니
별빛이 가만가만 소리죽여 새어 들어와
잎새 안을 촘촘하게 메우면
올리브나무는 고귀한 성채를
온전히 내려받은 후에
내일 아침 또 다른 평화를
한 뼘 한 뼘 새로이 일궈 내리라

메타세쿼이아 숲을 거닐며

교목들은
성긋 웃으며
속살거리는데…… 속살거리는데……

젖어 드는 황혼에
생파같이 설핏 설어짐은
무슨 연고로
그러한 것이뇨

숲길 어딘가에 난
길게 이어진 짐승들의 발자국,
쫓는다
허허롭다
야린 마음 갈기갈기 찢긴다

종일토록 고즈넉한 숲
한결같이 지키고 서 있는
다문다문 피어난
가냘픈 꽃들의 보오얀 얼골에서 풍겨오는
들크무레한 향기……

비 개인 뒤 숲속 위 창천에
동그마니 쌍무지개 떴다

오월

사색이라
이름 붙여진 벽에
기대고 있다가 몸을 곧추세우니
산세베리아의 연초록색을
제 가슴에 품은 오월이
촛농처럼 흘러내려
세상 여기저기를 물들이고 있었다

실금 같은 햇살 한 줄기가
맑고 고운 옥빛 하늘에 올라탔을 때
뭇사람들은 저마다 이마에
은근한 봄꽃숭이향 하나씩 묻히고
다섯째달의 찬란한 아름다움에 대해
수런거렸다

오월의
꽃과 잎새는 순수했지만
사뭇 원숙했으며
오월의 하늘은 대단히 관용적이었다

꽃그림 벽화

고속열차가 빨간 문을 막 통과했을 때 검은 언덕은 거풀거리며 슬픈 울음을 연방 삼켜댔고, 연둣빛 잎이 무성한 가지들은 지혜의 바다에서 건져 올린 보석들을 주렁주렁 달고 따뜻한 햇살 아래서 개웃거렸다. 코코야자를 베고 누워 잠을 청하던 열차 안 어떤 한 남자가 신문을 펼치더니 고기작거리는데- 복작이던 한 무리의 열차 밖 사람들은 시작도 끝도 없이 유영하는 시간을 온몸에 휘감고는 허물 벗고 있는 봄을 손가락 끝으로 자꾸만 헤적이고 있었다.

점

거대한 하나의 점으로 부활하다

4부

벨리 댄스 Belly Dance

까실한 모래 언덕 위에서
온몸을 웅크리며 잠들어 있던
은회색의 사막여우 한 마리, 막 잠에서 깨어났고
정적만이 가득했던
사막에 붉은 회오리바람이
거세게 일어났다
때맞춰 사막여우가 자신의 상체를
곧추세우고는 살랑거리는 움직임으로
천상의 아름다움을 온몸으로 표현하기 시작했고
암팡진 팔놀림에 넋이 나간 사막여우의 연약한 몸은
마구 요동치며 하르르 떨리고 있었다
그 가볍고 빠른 흔들림은,
그녀의 마음의 행방까지도 쥐락펴락할 기세였다
사막에 흐르는 신비한 붉은 바람의 노랫소리
샤라리라라, 샤라리라라
아까 봤던 은회색의 사막여우
어디로 갔는지 이내 사라져버리고 이번엔 내 앞에
빨간 홍옥을 연상케 하는 강렬한 붉은색
인어 꼬리 모양의 드레스를 입고
치렁치렁한 긴 머리에 꽃을 꽂은 벨리 댄서가 나타나
그녀의 기다란 배꼽과 육신의 잔근육들에

섬세한 떨림과 움직임을 만들어내며
점점 농익어 가는데
흐느적거리는 몸짓,
그 안에선 어떤 제어할 수 없는 힘이 느껴졌고
그러한 몸놀림은 사막에서 뿜어져 나오는
신비로운 기운과 묘한 조화를 이뤘다
상체에 집중된, 반복적이고도 집요한
근육들의 이유 있는 외침
화려한 관능의 테두리를 배경으로
어느 우아한 역사가 이루어지려는 순간이다

탐미적 말

고브라진 길을 휘-휘 돌면 노을빛 서린 바다를 메워 만든 동리가 모습을 오롯이 드러낸다. 옛날 옛적 가마우지 떼들은 강에서의 자맥질을 멈추고 태허의 별을 헤아리며 밤이 이슥하도록 날개를 쳤다. 초로의 말 어귀부터 늘비한 미와 쾌락의 기운이 느껴진다. 난밖사람들이 이상과 현실 사이에서 오는 괴리로 살난스러워할 때 이 말 사람들은 코웃음을 치며 여러 가지 식물로 예쁜 향을 속속 만들어내고 세상 온갖 아름다운 것들을 담벼락에 벽화로 그려내면서 즐거워했다. 싱그러운 꽃눈개비들이 정강이 위까지 차올라 나풋나풋할 적에 모딜리아니의 그림 속 목이 긴 여인을 닮은 내인內人들은 시시덕거리며 날랜 손으로 감칠맛 나는 꽃지지미를 부쳐냈고 가가호호 향기로운 시학과 감각적인 화풍이 넘쳐흘렀다. 옅은 자주색 구름 위 중천에 걸린 가로 빗긴 실팍한 달이 제 몸에서 은사를 이팝나무 두상 위로 하나씩 둘씩 사부자기 풀어내는 밤이 오면 쌀알의 생김새 비슷한 이팝나무 하얀 꽃 속에서 이 말 사람들은 촘촘한 아름다움만을 치밀하고 도드라지게 읽어낸다. 오늘밤에도 이팝나무 주변에 모인 사람들은 둥글게 원을 그리며 모여 옴짝도 않고 서서 그들 삶의 궁극적인 가치는 최상의 아름다움을 만들어내는 일이라고 입을 모아 말한다.

기쁜 사브리나 섬

강물처럼 깊어진다는 건
결국 애틋해진다는 것

널 향한 내 사랑도 그러하였으나
내 마음은 언제나 황량한 벌판

사랑으로 목이 타들어 가
갯벌에 몸을 누이고
하늘만 연해 쳐다보는
고독한 한 마리 새조개 같던 나는 이제

매일 밤 흐득흐득 울어대던
밤 그늘 모래톱을 빠져나와
기쁜 사브리나 섬에 가자

질펀한 기쁨들이 호로롱거리는
그곳에 가자

침잠

밝을 그대여. 오, 내가 사랑하는 그대여
천리향의 향기가 산천초목 갈피마다
묵직하게 휘감아 드는 어느 따뜻한 봄날,
나 옥 위에 그대의 이름 석 자를 새기고
추락한 아홉 개의 태양을 다시 일으켜 세우고
마침내 숲과 같은 그대 심장 안으로 침잠하리다

흰 추위·뜨거운 적도의 태양·불사조

나는 너의 흰 몸을 그닥 좋아하지 않는다. 너를 만나면 휑뎅그렁한 내 혼은 걷잡을 수 없이 흔들리니 너는 한동안 조냥 내 몸과 마음을 채찍질하겠고나.

겨울 너는 지독히도 아린 마늘 맛, 날카로운 살쾡이 발톱과도 같은 것.

그런 너에게 지친 나는 이제 그만 뜨거운 적도의 태양을 껴안고 까무룩 잠이 들고 싶다.

어쩌면 오늘밤 꿈속엔 사막에서 날아온 불사조가 내 손바닥 위 금방이라도 깨어지려 하는 손금 위에 스치듯 내려앉아 뜨거운 불꽃을 내뿜을지도 모른다.

이별 뒤에서 라 쿠카라차 La Cucaracha

당신이 그저 못내
그립고
그리우니
그리워서

지금은 어디에 있을거나
용맹스럽지만
한없이 순수했던
내 사랑은

이러구러 세월은 흐르고
차마 아물지 못하는
상처 난 마음 위로
비무리는 몰려오네
밤빛은 서러워 우네

그래도 나 알쭝달쭝한
희망의 꽃노래를 부르리
헤어진 당신과 언젠가
다시 만나게 해달라는
간절한 기도 같은 노래를

우린 찔레나무 새순 돋을 때
재회하면 좋겠네

다음 생이 아닌
이생에서 만나요
실골목에서도
이슬 밭에서도
언제나 암암한 내 사랑이여

당신 생각할 때면
자꾸만 활랑거리는 이내 마음
나에게 다시 돌아와 주세요
보고 싶은 당신.

플라멩코 Flamenco

응어리진 슬픔과 나태, 체념과 허무는
이곳에선 결코 용납되지 않지
오직 이 무대 위에는
빨간 피라칸사스 열매 빛깔로
탄력 있게 익어가는 둥근 열정과
삶의 기백과, 하늘을 찌를 듯한
무한한 자유만이 저마다의
농후함을 마음껏 드러내며
플라멩코의 12박자 안에서
과감한 자태로 넘실대고 있으니까
구슬픈 기타의 선율 위로 스페인 남부
안달루시아 지방의 혼이 흐르고
신비로운 타악기의 리듬 속에 플라멩코의
원초적 아름다움은 인간사의
온갖 희로애락과 절묘하게 어우러지나니
삶은 유한한 것. 그리고 즐기는 자의 것.
인생은 오직 한 번뿐 그저 그것뿐.
그러니 과거에 연연하지 말고
다가올 새날을 바라지만 말고
마음속 분노를 잠재우고
고뇌는 이슬방울 털 듯 툭툭 털어버리고

달아오르는 강렬한 춤사위에
나의 몸을 맡겨, 나의 영혼을 바쳐,
이 순간을 최고로 멋진 생의 시간으로 만들어봐요
찰나의 인생이여!
함께할 정열과 열정이여!
그대와 나는 이 순간 우리들의 삶을 지르밟으며
맨발의 뜨거운 접시가 되어도 좋으리
혼신의 힘을 다해 손뼉을 치고, 발을 구르고
너풀너풀 춤추는 드레스 자락 뒤로
올라Hola!

별 곁듯, 그대 생각만 하면

나의 사람이여!
세상이 그지없이 요요하여도
저 먼- 밤하늘에 박혀있는 별들이
불어오는 소소리바람에
하얀 억새풀처럼 일렁일 때

나도 한 개의 별이 되어
떨리는 가슴으로 물결치듯 흔들리며
당신을 노래하렵니다
마릴린 먼로의 입술색 닮은
골붉은 열정을 그 안에 가득 담고서

지금 이 순간에도
내 삶의 푸른 지평선 위로
그대를 그리는 마음은 소스라져
날갯짓하며 훠얼훨 날아오르고
나는 그저 목이 메어옵니다

어쩌다 나는 그만 그대를
이토록 깊이 사랑하게 되어
이제는 차마 뒷걸음치지도 못하게 되었습니까?

이토록 불타오르게 되었습니까?

그댈 위한 칭송가

한발 두발 다가가리라

내려앉은
연한 꽃 그림자에 울고
푸르게 젖은
차가운 달빛에 울고
내 사랑에 목놓아 울고 말
그대에게로

내가 사모하는 그대가 날 위해
상아 뿔피리를 불어준다면
나는 한 마리 파랑새 되어
그대가 부는
뿔피리 음색 위에 살며시 걸터앉아
그댈 위한 칭송가를
쉼 없이 불러드리리

저 빽빽한 어둠이 다 사라질 때까지

로맨틱 튀튀 Romantic Tutu

누구는 살아내야 한다는
의무감으로 산다던데
나는 그대와 함께
늘비한 행복 속에서 살아요
빠르게 날아올랐다가 이내 흩어지는
은종의 딸랑거림을 느끼며
우리 달풍선을 타고
저 하늘 위를 날아봐요
나는 그대만 가질래요
그대만 사랑할래요

자바섬과 자바표범

아리따운 자바섬은
무늬가 아름다운 표범들을
항시 부러워했지
하지만 표범들은
나무껍질 빛을 띤
자신들의 갈색털 위 검은 반점이
얼마나 아름다운지
미처 알아차리지 못한 채로
지평선을 밟으며
하나둘씩…
유성처럼 그렇게
사라져 갔다네

저 너머, 펼쳐질 푸른 이야기

길길이 날뛰며
큰소리로 짖어대던 바다가
하얀 꽁지깃을 내린다
이제 곧 팔자 눈썹의 갈매기들이
바닷가 백모래밭으로
날아들겠지
그들은 지상에 허락된
온갖 희망에 대해
밤새워 이야기 나누리라

삶의 액자 속 콜라주Collage

미친 혼돈의 세상 훌륭한 믿음의 사람들이 불안의 땅을
뚫고 스멀스멀 기어오르네

해설

우리에게 빙산을 바라볼 허용된 시간

마 경 덕(시인)

초배지에 덮인 수십 장의 벽지는 그 "집의 역사"이다. 한 꺼풀 벗겨내면 뒤엉킨 옛 시간들이 보인다. 빛이 바래도록 덮이고 덮인 벽은 얼마나 많은 기억을 품고 있는가. 덮어도 덮어도 지울 수 없는 궁핍한 냄새가 있다. 영화 기생충에서 집주인 이선균이 송강호에게서 느낀 냄새는 어떤 냄새였을까.

"누군가 홀로 죽으면 나의 일이 시작된다"는 특수 청소부 김완 시인, 고독사한 노인의 30년 된 아파트에 깊이 배인 냄새를 지우려고 17장의 벽지를 벗겨냈다는 이야기가 가슴을 친다.

시인에게 "나의 일이 시작되는" 때는 시 쓰는 시간일 것이다. 카잔차키스가 "나는 온몸이 촉수인 동물이 되고 싶다"라고 했듯이 생각이 굳어있으면 "시의 혈관"도 딱딱해지기에 시인은 말랑말랑한 상상력이 필요하다. 문장에서 이루어지는 텐션을 위해 촉수를 세워 삶의 절벽 끝에 서 보는 일, 외로움의 밑바닥에 닿아보는 일은 17장의 벽지에 적힌 낙서나 얼룩을 발견하는 일일 것이다.

차곡차곡 쌓인 시간의 겹을 들춰보며 사라진 시간을 탐색하는 일은 만나지 못한 것들을 만나는 단서(端緖)가 된다. 이때 닫힌 생각이 열리고 시인은 "감각의 역치"를 올려 백지의 공간을 채우게 된다. 미술 사조가 기존 예술을 전복시키는 과정을 통해 등장하였듯이 시인은 고정된 "자신의 틀"을 전복시키기를 꿈꾼다. 그러나 창조를 요하는 시 쓰기는 "실패를 예감한 작업"일 수도 있다. "내 것이면서 내 것이 아닌" 것들을 위해 시인은 생각 너머의 것들을 주시한다. 삶의 공간에서 분리된 또 다른 세계로 들어가 오브제를 사용해 변주를 꿈꾸며 퇴고 과정을 거치지만 시는 "시인의 편"이 아닌 "독자의 편"에 서 있기 마련이다. 아이러니하게도 시인에게 절망은 "시의 밥"인 셈이다. "시를 잘 쓴다"는 말은 그만큼 숱한 절망을 만나보았다는 이야기가 아닐까. 절망에 치이고 밟히며 얻어낸 내성으로 시의 뼈대가 튼튼해지는 것이리라.

그렇다면 김보영 시인이 감당한 "절망의 무게"는 얼마나 될까. 김보영 시인은 미세한 가슴의 울림을 감지하는 예민한 촉수가 있다. 아무것도 아닌, 그저 스치고 지나갈 것들 속에서 시를 뽑아 올린다. 감성이 섬세한 시편들은 대부분 내면에 잠재된 무의식에서 추출한 사유(思惟)의 엑기스이다. 삶과 죽음의 막연한 경계, 혼재된 슬픔과 기쁨, 소멸해가는 외로움의 실체에 다가가는 것, 예측 불가인 명제들의 집합, 탄식하며 세상을 살아내야 하는 것들로 가득하다. 문학은 "고통스럽게 행복을 생각하는 것"이라고 하지 않던가. 시인은 시대에 맞춰 부합하는 방법을 배제하고 고통을 껴안고 몰입한다. 이토록 절실하고 진지하게 삶을 대면하기란 쉽지 않은 일이다. 김보영 시인의 문학적 기류는 얼린 패트병이 녹을 때 표면에 물방울이 맺히듯, 차가움 속에도 뜨거움이 내재되어 있다. 이때 감지되는 기운이 묘하다. 문장의 갈피에 숨어있는 모호한 기운으로 시인은 자신만의 템플릿을 구성한다.

세상 모든 슬픔과 탄식도
이곳만은 슬며시 비껴가리니
연초록 이파리들
저마다 상냥히 나부끼는
안식의 커다란 올리브나무 밑에서
시인이여, 그대는
4월의 꽃바람 같은
향내 나는 시를 쓰고
피폐한 자들이여, 그대들은
풍랑과도 같고

까마득한 행군길과도 같은

고난의 인생길을 잠시 비껴나

지쳐있는 그대들 무거운 머리 밑에

연초록빛 평화를 받치고는

새근새근 곤히 잠들지어다

인간으로 태어났기에

끝내 고단할 수밖에 없는

가련하고 딱한 몸들

올리브나무 그늘 아래 누이고서

어스름한 새벽이 오면

우거진 올리브나무 위로

은하에서 수억, 수십억 년을 살게 될

갓 태어난 아기별 수백억 개가

저 하늘에 하얗게 떠서 반짝이리니

별빛이 가만가만 소리죽여 새어 들어와

잎새 안을 촘촘하게 메우면

올리브나무는 고귀한 성채를

온전히 내려받은 후에

내일 아침 또 다른 평화를

한 뼘 한 뼘 새로이 일궈 내리라

—「올리브나무」전문

구약성경에서 대홍수 이후에 형성된 육지를 찾기 위해 노아가 보낸 비둘기가 올리브나무 가지를 물고 돌아온

다. 약 5000~6000년 전부터 인류와 함께해 온 것으로 추정되는 올리브나무는 한 그루 한 그루가 역사이다. 예루살렘 올리브 언덕에 있는 수령 이천 년 된 올리브나무는 "불멸의 상징이며 살아있는 화석"으로도 불린다. 그 많은 나무들 중에 시인은 평화를 상징하는 올리브나무를 택했다. 지진과 전쟁, 테러, 기상이변, 코로나가 창궐하는 이 시대에 올리브나무 그늘 밑은 세상 모든 "슬픔과 탄식이 비껴가는" 평화로운 곳이다. 이곳에서 시인은 사월 꽃바람 같은 시를 쓰고 피폐한 자들은 고난의 인생길을 잠시 비껴나 연초록빛 평화를 베고 누워 곤히 잠들기를 바란다. 이 소란한 세상에서 여전히 시를 쓰는 시인처럼 그들도 적을 겨냥하던 총을 내려놓으면 세상은 얼마나 아름다울까. 인간으로 태어났기에 끝내 고단할 수밖에 없는 "가련하고 딱한" 몸들에게 아침에 눈을 뜨면 올리브나무가 또 다른 평화를 줄 것이라고 믿는다. 인류가 생긴 이래 한 번도 전쟁이 그친 적이 없는 이 땅에 시인은 우주를 주관하는 위대한 신의 축복이 깃드는 것을 보고 있다. "은하에서 수억, 수십억 년을 살게 될/ 갓 태어난 아기별 수백억 개가/ 저 하늘에 하얗게 떠서 반짝이리니/ 별빛이 가만가만 소리죽여 새어 들어와/ 잎새 안을 촘촘하게 메우면/ 올리브나무는 고귀한 성채를/ 온전히 내려받은 후에"에서 알 수 있듯이 은총은 하늘로부터 "내려받는" 것이다. "성과 요새"를 아울러 이르는 말이 "성채"이니 올리브나무 그늘은 풍랑도 침범

하지 못하는 "신의 보호구역"이다. 무분별한 개발로 피폐해진 "지구의 마지막 안식처"는 곧, 자연이다. 자연이야말로 인류에게 남은 유일한 희망인 것이다. 여기에서 김보영 시인이 주목하는 화두는 "자연과 인간"이다. 인간도 "자연의 일부"이기에 건강한 삶을 위한 "인간의 역할"에 대해 골몰하는 것이다. 아래 예시된 「빙산의 내적인 춤」도 자연과 유기적인 관계를 맺고 있다.

너른 바다의 푸른 수면 위로 떠오른
새하얀 얼음산에는 오직 바다에만 피는
마법의 야생화가 산다네
그 꽃은 영원히 시들지 않는, 머리부터 뿌리까지
차갑고도 투명한 얼음꽃
늘 굳은 얼음으로 만들어진 참회의
성스러운 눈물만을 뚝뚝 떨구며 살지
소곤소곤, 비밀스럽게 너와 단둘이만
나누고 싶은 대화가 있다
저 꽁꽁 언 말없는 빙산이 다 녹기 전에
그리고 겨울의 매서운 아픔을 간직한
저 영롱한 얼음꽃이 다 지기 전에…
우린 소멸해가는 저 커다란 얼음덩어리의
최후의 발악만을 같이 지켜보자
포코 아 포코
조용한 밀물처럼 서서히 펼쳐질

한 치의 흐트러짐 없이 고상한

정적에 꽁꽁 싸여 진행될 그 몸짓은 그냥

'빙산의 내적인 춤'이라

규정지으면 좋겠다

—「빙산의 내적인 춤」 전문

    클래식 음악용어로 쓰이는 포코 아 포코(poco apoco)는 긴 시간을 들여서 조금씩 변화시킬 때 사용한다. "조용한 밀물처럼 서서히 펼쳐질/ 한 치의 흐트러짐 없이 고상한/ 정적에 꽁꽁 싸여 진행될 그 몸짓"은 빙산이 점점 사라져가는 모습이다. 인간은 점점 소멸해가는 커다란 얼음 덩어리의 최후의 발악만을 지켜보고 빙산은 참회의 성스러운 눈물만을 뚝뚝 떨구고 있다. 조용한 가운데 소리 없이 진행되는 움직임을 김보영 시인은 "내적인 춤"이라고 규정한다. 이 춤은 "죽음을 향해 가는 춤"이다. 어마어마한 얼음덩어리들이 한곳에 모여 산을 이루다가 수십 미터 높이의 빙벽에 소리 없이 금이 가고 보이지 않는 균열로 인해 얼음산의 일부는 바다로 추락한다. 바람의 영향을 받으면 시속 1.8km 정도의 속력으로 빠르게 움직이는 유빙은 "바다의 흉기"가 되기도 한다. 빙벽에서 떨어져 나와 바다를 떠돌던 그린란드의 빙산은 선박과 충돌하면서 타이태닉호 참사가 발생하기도 했다.

    "가랑비에 옷 젖는 줄 모른다"는 속담이 있다. 가늘게 내리는 비에 옷이 젖는 줄을 깨닫지 못하듯이, 사소한 것이라도 거듭되면 무시하지 못할 정도로 크게 됨을 비유적으로 이르는 말이다. 얼음산은 조금씩 녹고 있지만, 그 느린 속도에 우리는 둔감하다. 대수롭지 않은 가랑비에 옷이 젖는 격이다. 안전불감증처럼 지속적으로 같은 크기의 자극을 받아 큰 자극을 주기 전에는 자극을 느끼지 못하는 "감각의 순응"에 우리는 이미 길들여진 것이 아닐까.

경계선 너머에서 진행되는 "죽음의 실체"를 인식한 시인은 꽁꽁 언 영롱한 얼음꽃이 지기 전에 비밀스럽게 단둘이만 나누고픈 대화가 있다. 그 대화는 시한부로 내정된 빙산의 시간 이전에만 가능하다. 어쩌면 대화보다는 빙산이 더 먼저 사라질지도 모른다. 즉, 우리에게 빙산을 바라볼 허용된 시간이 얼마 남지 않았다는 것이다. 「빙산의 내적인 춤」은 현재 진행 중인 파괴되어가는 자연을 관망하며 살아가는 인간의 무책임하고 나약한 모습을 보여주며 자연의 소중함을 환기시킨다. 오랫동안 방치된 것들은 끝내 무너지기 마련이어서 우리는 친숙한 기시감(旣視感)을 느낀다. 보이지 않는 불안한 결말에 대해 이미 경험한 것처럼.

　사람은 1시간 동안
　2천여 가지의 생각을 하고
　하루에 약 5만 가지의 잡다한 생각을 하며
　산다 하는데

나는 얼마나 많은 네 생각을
마음속에 품고서 살고 있나

유리 조약돌 같은 별들이
낯선 언어를 토해내는 이 밤
길처럼 끝없이 이어진
너에 대한 숱한 그리운 생각을
치열하게 헤집고 떠다니다 보면
시큼한 신새벽이야 또 그럭저럭 찾아오겠지

추억의 뒤안길로 접어드니
그곳에서 우리는
기개 있는 태양 아래
농익어가는 열대 과일들같이 향긋한 웃음을
서로에게 폴폴 날리며
나란히 서 있었네

내 의식은 너의 향기를 읊고 또 읊었네

아아— 다만 이제 와 생각하니
나는 너를 끝까지 사랑했어야 옳았다
　　　　　　　　—「상념을 켜둔 밤」 전문

맹수처럼 날카로운 이빨과 발톱도 없고 코뿔소처럼

위협적인 뿔도 없고 표범처럼 빠르지도, 원숭이처럼 자유롭게 나무에 오르지 못하는 나약한 인간이 어떻게 이 지구의 주인이 되었을까. 신은 인간에게 놀라운 지혜를 주었다. 다른 동물과 구별되는 인간의 본질적 특성이 이성(理性)이다. 인간만이 생각을 말로 표현하고 그 말을 글로 정리하여 기록할 수 있었다.

파스칼은 "인간은 생각하는 갈대"라고 하였고 현대 철학의 아버지 르네 데카르트는 사고(思考)를 존재의 첫 번째로 보고 "나는 생각한다, 고로 나는 존재한다."고 하였다. "진정 진리를 추구하려면 최소한 인생에 한 번은 모든 것에 대해서 의심을 품어봐야 한다"고 한 데카르트는 기존의 인식에 대해 의도적으로 의심을 제기했다. 불확실한 모든 것을 의심해 절대적이고 확실한 토대를 마련하고자 한 것이다.

어떤 것에 대하여 깊이 생각하고 이치를 따지는 사색(思索)의 힘으로 지식과 지혜는 점점 진화해서 문명과 문화는 최첨단을 향해 가지만 동서고금을 다 훑어봐도 "사랑에 대한 감정"은 여전히 제자리이다. 자신의 감성에 치우쳐 판단력을 흐리게 하는 상징물로 "눈에 낀 콩깍지"란 말도 있다.

"사람은 1시간 동안/ 2천여 가지의 생각을 하고/ 하루에 약 5만 가지의 잡다한 생각을 하며/ 산다 하는데/ 나는 얼마나 많은 네 생각을/ 마음속에 품고서 살고 있나"에서 알 수 있듯이 사유(思惟)는 인간에게 주어진 특

권이다. 떨쳐버릴 수 없는 그리움은 되돌아갈 수 없는 과거라는 지점에 존재한다. 이 치열한 상념은 새벽이 올 때까지 기억을 헤집고 다닌다. 사랑이란 무엇일까. 떠난 뒤에서야 향기를 읊고 또 읊었다고 한다. 이제와 생각하는 것들은 그때는 몰랐던 것들이다. 뒤늦게 탄식한다. 나는 너를 끝까지 사랑했어야 옳았다고.

문제에 대한 답은 없다. 인간에게는 그 상황에 적응하고 과제를 해결하는 지성과 논리적 타당성에 근거하여 판단하는 이성이 있지만 「상념을 켜둔 밤」은 이성(異性)과의 사랑 앞에서 인간의 이성(理性)과 지성(知性)이 얼마나 무력한가를 잘 보여주고 있다.

    토마토 가스파초빛 도는
    설핏한 저녁의 거리는
    검붉은 빛으로 타고 있었다
    낮과 밤의 경계선 안에
    발을 들인 사람들은
    초저녁의 감흥을 양 겨드랑이에 꿰어차고는
    도시의 메마른 입술 위에서
    풍경이 되어 파들거리고
    얄푸르렀던 하늘은
    어둠의 칼날에 얇게 저며져서는
    제 아가미를 닫은 채로
    흐느꼈다

―「저녁의 거리」 전문

　토마토 가스파초(Gaspacho)는 여름철에 즐겨 먹는 시원한 냉수프로 스페인 안달루시아 지방의 전통음식이다. 토마토를 으깬 수프의 빛깔은 노을처럼 붉다. 노을이 장막을 펼친 낮의 끝 무렵을 수프의 빛깔로 표현한 재치가 돋보인다. 낮과 밤이 교차하는 시간, 낮이라고 하기엔 약간 어둑하고 저녁이라고 하기엔 아직 이르다. 낮과 저녁이 맞물린 어중간한 시간은 무언가 변화가 시작되기 직전이다. 곧 몰려올 어둠과 곧 어둠에 침식될 거리의 풍경들이 잠깐 저녁의 거리에 머물고 여름철에 즐기는 가스파초라는 요리가 낯선 냄새로 다가와 이국의 거리를 신비스러운 기운으로 휘감고 있다.
　"얄푸르렀던 하늘은/ 어둠의 칼날에 얇게 저며져서는/ 제 아가미를 닫은 채로/ 흐느꼈다"에서 무언지 모를 불안감이 저녁의 거리에 깔리고 있음을 예고한다. 이 서글픈 예감은 분위기에 젖어든 시적 화자의 감정일 것이다. 어슴푸레 다가오는 것들, 곧 어둠에 싸여 사라질 것들이 아가미를 닫고 흐느끼는 초저녁, 말할 수 없는, 혼자만의 외로움이 서서히 거리에 번지고 있다. 메마른 이국의 도시에서 느끼는 모호한 기운이 시 전체에 퍼져 하나의 풍경으로 다가온다. 「저녁의 거리」는 이역만리 낯선 거리를 걷는 나그네의 노스탤지어를 연상하게 하는 작품이다.

아리따운 자바섬은

무늬가 아름다운 표범들을

항시 부러워했지

하지만 표범들은

나무껍질 빛을 띤

자신들의 갈색털 위 검은 반점이

얼마나 아름다운지

미처 알아차리지 못한 채로

지평선을 밟으며

하나둘씩…

유성처럼 그렇게

사라져 갔다네

—「자바섬과 자바표범」 전문

    세브르 국립 도자기 박물관에는 18세기경에 만들어진 접시에는 사람들이 말을 타고 긴 창으로 표범을 살육하는 모습이 그려져 있다. 벽에 그려진 벽화를 통해 당시의 생활상을 알 수 있듯이 접시의 그림 한 점으로도 무분별하게 자행된 표범사냥을 짐작할 수 있을 것이다. 인도네시아 자바섬에 살던 그 많은 표범은 어디로 갔을까. 털이 아름다운 표범의 모피는 누군가의 외투와 장식품으로 표적이 되었다. 정작 표범만이 모르는 그 윤기 흐르는 갈색털을 얻기 위해 저질러진 인간의 탐욕은 끝이 없고 아름다운 털을 가졌다는 이유로 표범들은 유성처럼 하나둘 사라져갔다. 일제강점기 때 우리나라의 표범들도 일제의 총 앞에 씨가 마르고 말았듯이 그렇게 자바섬의 표범들도 불법 벌목으로 인한 서식지 파괴와 밀렵으로 인해 멸종위기종이 되었다. 필자는 「자바섬과 자바표범」을 읽으며 언젠가 황학동 시장에서 만난 나비표본상자를 생각했다. 그 유리상자 안에 갇힌 나비들은 하나같이 아름다웠다. 화려한 날개를 펴고 박제된 나비들은 타고난 아름다움으로 죽어야 했다. 인간의 근원적인 욕구에 접근한 「자바섬과 자바표범」은 지상에서 "사라지는 것들에 대한 연민"이기 이전에 "인류에게 보내는 질문"인 것이다. 삶을 대하는 촉수가 인문이라고 말하는 어느 광고인은 라디오 방송에서 '인문학을 하면 밥이 나옵니까?'라는 짓궂은 질문을 받았다. 그의 대답은 "인문학을 해서 밥이 나오는 직업도 있고 그렇지 않은 직업도 있다. 근데 한 가지 확실한 사실은 인문학을 하면 밥이 맛있어진다."라고 하였다. 그렇다. 자바섬의 표범이 살아있다는 것만으로 우리의 삶은 크게 달라지지 않겠지만 "그들에게서 빼앗은 죽음으로 자신의 아름다움을 빛나게 할 수 있을 것인가"란 질문을 해볼 수 있다는 것이다. 스스로 "질문을 할 수 있는" 자와 "질문조차 할 수 없는" 자의 삶이란 엄연히 질이 다를 것이다.

어떤 이는 바람을 맞으며 길을 가고

다른 어떤 이는 바람을 느끼며 길을 가고
나는 바람을 숭배하며 길을 간다
부는 바람은 종착지 없이
너울대는 자유로운 영혼
형체 없는 모습으로 크고 작은 움직임들을
만들어내며 거침없이 어디로든
흘러가는 공기의 흐름아
너는 어디에도 구속받지 않는구나
너는 어떤 것에도 집착하지 않고
주체적으로 흘러 흘러가는데
왜 나는 이다지도 삶의 많은 것들을
꽉 붙잡고 사는 건가
이 세상 떠나려면 모든 것 두고 가야 할
운명임을 잘 알면서도
　　　　　　　—「바람 속의 단상」 전문

　인간의 어리석음은 같은 "실수를 반복하는" 것이다. 답을 알면서도 번번이 오답을 적는 까닭은 무엇일까. 요행을 바라다가 전부를 잃어버리는 사람들, 버린 것에 대한 집착으로 정작 소중한 건강과 목숨마저 잃는 2차 피해가 발생한다.
　살아가는 방법 중 남보다 많이 "부를 축적하는" 방법도 있고 살아남는 방법으로 가난이 주는 "불편에 익숙해지는" 방법도 있을 것이다. 그러나 결론은 크게 다르지 않다. 이 세상 떠날 때는 모든 것을 두고 빈 몸으로 가야 할 운명이기에 인간에게 주어진 근원적인 외로움은 빈부의 차이가 없다. 니체는 "철학자들은 겉보기에 가난하고 빈곤해 보이지만 그렇지 않다"고 하였다. 사람들이 높이 평가하는 비싼 것이 철학자에게는 별로 가치가 없고, 철학자에게 가치 있는 건 사람들이 쓸모가 없다고 내다버린다는 것이다. 가치의 기준이 달라 큰돈 없이 살아도 삶의 풍요로운 것은 갖추고 살기에 빈곤하지 않다는 것이다. 이처럼 삶의 가치 기준은 지극히 주관성을 띠고 있어 "객관적 타당성"과는 무관하다. 많은 것을 가졌다고 인간은 외롭지 않을까. 슈베르트는 인간의 원초적인 고독에 대해 "이 세상 어느 누구도 타인의 슬픔을 이해할 수 없고, 어느 누구도 타인의 기쁨을 이해할 수 없다"라고 했다. 그 누가 공허하게 찾아오는 외로움의 실체를 증명할 수 있으며 삶의 패러다임 안에서 자유로울 수 있는가.

어느 여자는 "사랑하는 그 남자가 언제 가장 멋있었느냐"는 질문에 "남자가 자신의 일에 몰입하며 땀 흘려 일할 때"라고 대답했다. 우리는 어떤 일에 몰입할 때 다른 것들은 잠시 잊어버린다. 이때 의식에 질서가 생기게 되고 집중력이 올라간다. 돌이켜 보면 힘든 과제를 이루려고 애쓰던 때, 아무것도 아닌 사소한 일들로 티 없이 웃던 그때가 가장 행복한 시간이 아니었을까. 김보영 시인은 삶의 허무를 진지하게 바라보며 진솔한 삶의 알고리

즘에 대해 숙고한다.

나와의 대화를 마치고 자작나무로 만든 원목 암체어에 얌전히 앉아 흔들거리며 댕강댕강 목마도 타고 붉은 털실로 뭔가를 집중해서 열심히 짜고 있던 당신이 일어나더니 장미꽃차를 한 잔 가져와 홀짝거린다. 30분 전쯤 치즈를 집었던 당신의 오른손 엄지와 집게손가락은 아직 꼬리꼬리한 치즈향이 남아있다. 고맙게 내 앞에도 향긋한 향이 그만인, 붉은빛이 감도는 은은한 장미꽃차 한 잔을 가져다주었군요. 당신이 떨궈준 장미꽃차를 조용히 즐기고 있는데… 별안간 당신의 집 거실이 붉은 수수밭으로 변해버렸다. 그리고 그 수수밭 위엔 붉은 새 한 마리. 지는 붉은 노을은 수수밭 전체를 더욱 붉은 빛깔로 덧입히고 있다. 아아…아아아아아아아아악. 외마디 비명이라도 터져 나올 만큼 강렬한 저 불길 같은 색.
　—「그대는 붉은 맨드라미의 전설을 아는가」 부분

김보영의 시편들은 차분함과 저돌적인 힘을 동시에 보여준다. 안과 밖이 다른 이중성은 차갑거나 뜨겁다. 예측이 어려운 어느 지점에서 격돌하는 힘은 싱싱한 에너지를 방출하고 시의 갈피갈피 쓸쓸함 속에 깃든 열정이 불쑥 튀어나와 순식간에 결말을 뒤집는다. 색(色)의 놀이에 빠진 야수파 앙리 마티스가 평면을 일으켜 세우듯

붉은 맨드라미는 붉은 노을과 함께 시인을 향해 돌진하고 이내 거실은 붉은 수수밭으로 환치된다. 붉은 맨드라미와 광활한 평원에 끝없이 펼쳐진 수수밭의 "이중적인 이미지"가 오버랩 되어 외마디 비명으로 불타고 있다.

  김보영 시인은 "상상이 탄생하는 경계"에까지 접근해 시적 공간을 확장한다. 이국적인 이미지 한 장으로 의미를 전달하며 여운을 남겨두거나 이미 규정된 조건들에게 쉽사리 굴복당하지 않고 자신만의 자유로움을 갈구한다. 허용된 시간, 남아있는 시간은 많지 않다. 그저 바라만 봐야 하는 것들로 안타까울 때 시인은 세상을 향해 질문을 던진다. 밤새 뒤척이며 생각하는 시간은 답을 찾기 위한 절실한 몸짓이다. 홀로 떠나는 여행은 어디에도 얽매이지 않고 자유로운 영혼을 가졌다는 증거일 것이다. 왠지 그 자유로움이 어느 누구에게도 귀속되지 않고 세상의 외로움과 맞서보겠다는 쓸쓸한 의지로 읽힌다. 이러한 결론은 꿋꿋하게 시의 길을 가라는 필자의 의도를 담고 있기도 하다.

그림과책 시선 213

그대는 붉은 맨드라미의 전설을 아는가

초판 1쇄 발행일 _ 2020년 7월 4일

지은이 _ 김보영
펴낸이 _ 손근호

펴낸곳 _ 도서출판 그림과책
출판등록 2003년 5월 12일 제300-2003-87호

03030 서울 종로구 통일로 272, 210호(송암빌딩)
　　　도서출판 그림과책
전화 (02)720-9875, 2987 _ 팩스 (02)720-4389
도서출판 그림과책 homepage _ www.sisamundan.co.kr
후원 _ 월간 시사문단(www.sisamundan.co.kr)
E-mail _ munhak@sisamundan.co.kr

ISBN 979-11-90411-13-4(03810)

값 12,000원

◆ 잘못된 책은 교환해 드립니다.
◆ 저자와의 협의로 인지는 생략합니다.

이 도서의 국립중앙도서관 출판예정도서목록(CIP)은 서지정보유통지원시스템 홈
페이지(http://seoji.nl.go.kr)와 국가자료공동목록시스템(http://www.nl.go.kr/
kolisnet)에서 이용하실 수 있습니다. (CIP제어번호 : CIP2020026222)